Internationaler Terror, Arabisches Öl und Atomausstieg, ein verborgener Zusammenhang???

Zwei Publikationen aus den USA weisen darauf hin!!!

Zweite und erweiterte Auflage

von Heinrich König

Widmung

Diese Schrift ist um der Wahrheit willen geschrieben,
einen „Prügelknaben" in Schutz zu nehmen
und um mit einer, durch Anti-AKW-Medienhetze,
seit mehr als vier Jahrzehnten,
desinformierten und verunsicherten Bevölkerung,
über die wahre Faktenlage zu sprechen!

Heinrich König

Internationaler Terror, Arabisches Öl und Atomausstieg, ein verborgener Zusammenhang???

Zwei Publikationen in den USA weisen darauf hin!

Zweite und erweiterte Auflage

Herstellung und Verlag
BoD – Books on Demand, Norderstedt

Bibliographische Information der Deutschen Nationalbibliothek
Die Deutsche Nationalbibliothek verzeichnet diese Publikation
in der deutschen Nationalbibliografie; detaillierte bibliografische
Daten sind im Internet über http//dnb.dnb.de abrufbar

Herstellung und Verlag
BoD - Books on Demand

Eine für jedermann
leicht verständliche
Darlegung
der Sachverhalte
rund um die Atomenergie
und die Begründung
für einen Verdacht,
den wir schon seit 2011
haben.

Es sind die Ereignisse
in der Schweiz
zugrunde gelegt.

Inhaltsangaben:

Dies ist kein normales Buch wie jedes andere! Wir schreiben für die Bevölkerungsbasis, für Menschen wie du und ich, mit einfachen Worten und leichtverständlich. Etwaige Wiederholungen dienen der Betonung. Wir haben unsere Botschaft in drei Teile verpackt:

Begriffserklärungen:

Benken, Bözberg und Wellenberg, sind geplante Entsorgungsstandorte für radioaktive Abfälle, in Evaluation, in der Schweiz.

Dschihad (Jihad) = Eroberung der Welt für den Islam mit Krieg und Terror, auch mit List und Lüge und mit Grausamkeit, um Furcht zu verbreiten.

Ensi = Eidgenössisches Nuklear-Sicherheits-Inspektorat, die Aufsichtsbehörde über die Kernanlagen in der Schweiz.

Kaiseraugst in der Schweiz, war als AKW-Standort geplant.

Mühleberg: Standort eines schweizerischen AKWs an der Aare

Nagra = Nationale Genossenschaft zur Entsorgung radioaktiver Abfälle in der Schweiz.

SRF = das Schweizerische Radio & Fernsehen.

Vorspann:
Die Fakten
auf 27 Seiten
Gross-Schrift
mit etwas Schalk,
und Poesie
dargelegt.

Inhalt Vorspann

Sind die AKWs wirklich

eine Bedrohung für die Menschheit,
wie die Medienberichterstattung
und die Grünen uns glauben machen???

Was sagen denn die Fakten?
Über solche Fakten wollen wir hier reden:

Die ganze Erdkruste strahlt,
und das "verschmutzt" die Erde
ungefähr 1000 bis 1 Mio. mal stärker als
alle AKWs der Welt und ihre Abfälle
zusammen dies tun könnten!! *)

Überall, auf der ganzen Erde,
hat es radioaktive Substanzen im Boden,
welche strahlen:
Die ganze Erde ist ein einziger,
riesiger und sanfter Atomreaktor,
schon seit jeher,
seit es Menschen gibt!!

*) Das ist unsere ganz grobe Einschätzung, Experten könnten dieses
Verhältnis natürlich viel genauer angeben!

Nicht nur die Erde strahlt,

auch aus dem Weltraum
kommt Strahlung,
die kosmische Strahlung,
und die ist umso stärker,
je höher über Meer man ist!

Die summierte Strahlung in der Schweiz
beträgt rund 200 bis 800 Rem,
je nach Standort und auch Höhe über Meer.
Es gibt aber Gebiete auf der Erde,
die rund 3000 Rem
allein an Bodenstrahlung haben
und seit jeher leben Menschen dort.

Aber am Zaun eines AKWs kommen
zwischen 5 bis 10 Rem zusätzlich dazu,
dies, um die Größenverhältnisse zu zeigen.

Die Strahlung unserer Sonne,
ihr Licht und ihre Wärme,
kommen auch aus Atomenergie,
aus Kernfusion von Wasserstoff zu Helium!

Die radioaktiven Abfälle,

ob aus Medizin, Forschung oder AKWs,
sind hoch radioaktiv und werden darum
versenkt in die Erde, bis 1000 Meter tief,

Aber nicht einfach irgendwo in die Erde,
sondern gesucht wird ein Standort,
der dicht ist und der nicht durch
Tiefenwasser ausgewaschen werden kann!

Opalinus-Ton ist ein Gestein,
mit der Eigenschaft, gut abzudichten!

Die Natur ist zwar nirgends ganz perfekt.

Aber wenn es Orte gibt auf dieser Erde,
mit rund 3000 Rem Erdstrahlung und seit jeher
leben Menschen dort, ist Angst nicht am Platz!

Schon für einen Zuwachs von nur 10 Rems
müsste schon merklich radioaktive Substanz
ins Tiefenwasser gelangen! Die rein natürliche radioaktive Strahlung in der Schweiz
beträgt ja allein schon rund 200-800 Rem!

Atom-Energie ist also,

neben Wasser- und Windkraft
die grüne Energie par excellence,
ohne CO2-Ausstoss und ohne Klimaeffekt!
Eine einfache Gleichung
und klare Kriterien
<u>zu Gunsten</u> der Atomenergie!

Warum wollen das die Medien

nicht wahr haben?
Und auch viele Politiker nicht?
Warum wird solches von
niemandem laut gesagt, oft scheint es,
nicht einmal von den Verantwortlichen
der AKW-Betreiber selber???
Nach unserem Dafürhalten
wird es nicht laut genug gesagt!!!

Diese Fragen wollen wir hier

fundiert beantworten!!!

So wie Flugzeuge

nach höchsten Sicherheitsstandards
gebaut werden,
so müssen das auch AKWs sein!
Die westeuropäischen AKWs sind das!!!

Die Geschichte dieser AKWs
hat bewiesen, dass es so ist!

In Frankreich stehen
rund sechzig Atomkraftwerke
und noch nie hat es dort
eine schwerwiegende Havarie
oder Unfall gegeben!
Auch in Deutschland nicht!
Und noch viel weniger in der Schweiz!

Unsere Schweizerischen Atomkraftwerke
sind die sichersten von ganz Europa,
sicherer noch als die AKWs von Frankreich!
Das sind die Fakten!!!

In der der rückständigen

ehemaligen Sowjetunion
war es nicht an der Tagesordnung
grosse Sicherheitsvorschriften zu machen.
Die sowjetischen AKWs wurden gebaut,
auf Teufel komm heraus,
ohne grosse Rücksicht auf Gefahr
für Mensch und Tier!

Auch die Sicherheitsvorschriften
der japanischen AKWs
wurden von der internationalen Behörde
für die Sicherheit von AKWs,
als ungenügend gerügt!

Hat man das bei uns vergessen???
Oder weiss man nicht,
dass es bei uns keine Tsunamis gibt???

Lasst uns also nicht auf die hören, die ständig
unsere AKWs schlecht reden
und als gefährlich hinstellen!!!

Die westeuropäischen AKWs,

was haben sie also zu tun mit
Tschernobyl und Fukushima???

Unsere AKWs ständig mit Tschernobyl,

und Fukushima zu vergleichen,
ist nicht redlich und nicht ehrlich,
ist eine fiese Verdrehung der Fakten, eine Lüge!
Und ist ein Faustschlag ins Gesicht eines
jeden redlich und anständig denkenden
Menschen!!!

Über Jahrzehnte hinweg

hatten wir das ständige Schlechtreden und
die Anti-AKW-Hetzen in den Medien
beobachten und mit ansehen müssen
und wir konnten nie verstehen warum,
es war für uns nicht erklärbar, alles was wir da hörten
war entgegen unserer Erkenntnis der Sachlage!

Uns schien es, als wären wir im falschen Film,

oder auf dem falschen Planeten,
oder gar in einem **Irrenhaus**,
wir vermissten Sachlichkeit in den Diskussionen!!!

Vor 4 Jahren, 2011, hörten wir
aus einer DVD aus den USA, wie Saudi-Arabien,
den internationalen Terror finanziert und
die US-amerikanische Regierung duldet das,
hat freundschaftliche Beziehungen, für Öl,
und ihre Jungs müssen gegen Terror in den Krieg?!

Wir hörten da zum ersten Mal,
auch von Zahlungen in „zig"-Mio.-Höhe,
aus der Arabischen Halbinsel, an alle US-Präsidenten
und auch an hohe US-Politiker,
seit Jimmy Carter, bis und mit Bush Junior!

Das war für uns wie eine Offenbarung, und ein
Licht ging uns auf und ein Verdacht kristallisierte sich:
Klar, AKWs sind Konkurrenz zum Öl: -- Botenagenten,
mit Geld in der Tasche, treffen Medienbosse und Politiker, vielleicht sogar AKW-Verantwortliche, in Cafés,
Restaurants und Privatwohnungen!!! -- Klar, um Terror zu finanzieren, muss man Öl verkaufen
und dazu die Konkurrenz ausschalten!!!

„Aha, wir sind ja gar nicht im falschen Film,
wir haben bloss gesehen, was Geld zu tun vermag!"

Denken wir doch einmal nach:

Allein der Strassenverkehr in der Schweiz
fordert jedes Jahr fast tausend Tote und weltweit sind
das vielleicht Hunderttausende!

Auch stürzen alle Jahre Verkehrsflugzeuge ab,
je mit mehreren Hundert Toten!

Aber die Toten von Fukushima
kann man fast an einer Hand abzählen!
Von Tschernobyl wollen wir gar nicht reden,
das musste dort einmal so kommen,
denn das war ja eben Sowjettechnik

Wie soll man also diesen Medienrummel,
auch den Politikerrummel gegen die AKWs
erklären können??? — Es ist bereits gesagt!!!

Diese Hetze ist ja Verhältnisblödsinn,
Verhältnisblödsinn im Quadrat!!!
Aber diese Hetze hat unsere Bevölkerung
desinformiert und voreingenommen gemacht
und die negative Anti-AKW-Stimmung erzeugt,
die wir heute in der Schweiz,
in Deutschland und ganz Europa haben!!!

Wie viel Geld aus Arabien

Ist da wohl verschwunden,
in Hosentaschen, wo niemand weiss?

Wir wollen aber unsere Energieministerin

in Schutz nehmen. Selber eher eine Befürworterin der
Atomenergie, war ihr klar geworden,
langfristig kann man nicht gegen das Volk,
(ein voreingenommen gemachtes Volk,
wo sie ja nicht schuld daran ist)
sondern nur mit dem Volk regieren
und Bundesrat und Parlament sind ihr darum im
Atomausstieg gefolgt! Das mag auch in Deutschland
die Motivation gewesen sein!

Was ist eine Ideologie?

Ein Gedankengebäude, das nicht auf Fakten beruht,
sondern auf einer Idee oder auf Gefühlen,
ungefähr so wie eine Religion!
Es zeigt sich immer, dass Ideologien oft viel stärker
sind als Fakten und dass sie die Menschen
oftmals total einnehmen können!

Bei vielen Grünen und SP-Leuten ist das leider so!!!

Die Muslime verstehen, bitte!

Islam ist eine Religion der Furcht! Heilsgewissheit gibt es da nicht. Am Lebensende werden die guten Taten mit den schlechten abgewogen und niemand kennt die Grenze, wo Allah wird aufteilen! Heilsgewissheit??? -- Viele Christen haben's zwar auch nicht, wissen nicht einmal, dass es gibt so was!

Die einzige 100%-ige Sicherheit für einen Muslim, nicht in die Hölle zu kommen, ist, im Dschihad sein Leben zu verlieren! Der Koran sagt sogar, dass es Allah gelüste, Menschen in die Hölle zu bringen!

Darum die vielen Selbstmordattentäter, sie bestätigen dir, lieber Leser, was wir sagen!!!

Verstehen wir jetzt die Saudi Herrscherfamilie??? Praktizierende Muslime sie sind! -- Sie fragen: „Was müssen wir tun, um ohne Dschihad-Tod, trotzdem der Hölle sicher zu entrinnen?"

„Die Dschihadisten unterstützen!!! -- Das ist der Weisheit letzter Schluss! -- Und die Probleme, die das bringt, die können wir ja lösen!"

Problem # 1: (Rückblende ins Jahr 1970)

Überall schiessen AKWs wie Pilze aus dem Boden,
da ist es ja bald fertig mit dem Ölverkauf
und auch Schluss mit dem Geld,
für die Dschihadisten!

Was sollen wir also tun??? -- Geld hinein in Hosentaschen! -- Anti-AKW Parteien-Gründer und
käufliche Medienbosse sind gefragt!!!

Und um Wähler zu haben, diese Parteien
„Grün" deklariert und sozial ausgerichtet,
das Rezept um langfristig Öl zu verkaufen!
Und schon lacht Arabien sich ins Fäustchen!

Problem # 2:

Die USA sind Weltmacht und Weltpolizei,
da ist Krieg ja vorprogrammiert!
Aber auch Staatsmänner kann man ja kaufen!
„Probieren wir's doch einmal!"
Und es gelingt sogar!!!

Zwei Publikationen in den USA,
bringen's an den Tag!

Grün war Anti-AKW ab Beginn!

Grün gegen grüne Energie, wer kann das verstehn?
Nicht mehr alle Tassen im Schrank???

Warum wurden denn seinerzeit,
die bereits **bestehenden AKWs** und noch früher,
auch die Schweizer Stauseen nicht bekämpft?

Ein Dammbruch bei einem grossen Erdbeben, könnte
den ganzen Stauseeinhalt ins Tal hinunter donnern
lassen und alles zerstören und mit sich reissen, mit
kaum Überlebenden, ein Schadens-Ausmass wie kein
AKW es liefern könnte!
(1356 wurde die Stadt Basel durch ein Erbeben voll-
ständig zerstört! Also wäre doch Grund genug dage-
wesen, um auch die Stauseen zu bekämpfen!)

Antwort: bis gegen 1970 gab's sogar noch Kolonial-
herrschaft und sprunghaft steigenden Ölbedarf,
bei noch schlafendem Islam und Arabien dachte noch
nicht daran, AKWs zu bekämpfen!

Anti-AKW-Kampfbeginn war 1970 mit Kaiseraugst!
1977 kam Carter und in den 80er-Jahren
die Grünen in ganz Europa!

Geländebesetzungen

1970: Bau von AKW Kaiseraugst, da war Kampfbeginn!

1975: 11-wöchige Besetzung, mit 15000 Besetzern,
(sollte den Eindruck einer Volksbewegung vermitteln,
obwohl es das damals noch gar nicht gab!).

1979: Sprengstoffanschlag auf das Info-Pavillon im
Baugelände,
(als dürften AKWs nicht die Faktenlage darstellen!).

1988: das Projekt wird endgültig fallen gelassen,
(Schadensumme: 1,1-1,3 Milliarden sFr.)

Das **Werk** von Aufwieglern
und die Medien schürten,
anstatt mit Fakten zu informieren,
wie es ihre Aufgabe gewesen wäre!

Sie haben aufgehetzt, Sachverhalte verdreht
und nach & nach
diese Anti-AKW-Grundstimmungen
in den Bevölkerungen aufgebaut, die wir heute
in ganz Europa haben!

Das begann also vor rund 45 Jahren!

Frau Ritz, Kopräsidentin der Grünen bestätigt:

In SRF-Schawinski vom 27.4.2015 sagte sie:

„Die Grüne Partei Schweiz entstand aus dem Protest! In Kaiseraugst sollte ein Atomkraftwerk gebaut werden. Umweltaktivisten besetzten wochenlang das Gelände und konnten schliesslich den Bau verhindern. Daraus formierte sich eine politische Bewegung, die heutigen Grünen".

Wir aber haben auf den früheren Seiten dargelegt, dass Atomenergie eine „grasgrüne" Energie ist!!!
Also ist das politische „Grün" eine Tarnfarbe und eine fiese Täuschung der Öffentlichkeit!!! „Grün" ist keinesfalls grün, aber eine ausgeprägte Anti-AKW-Partei, denn Atomenergie könnte gar nicht grüner sein!!!

Wir fügen noch bei: 1968 war die sog. 68-er Bewegung und in diesen Jahren gab es viele Demonstrationen und es gab genug Pöbelhaufen und Chaotengruppen, die man für eine Geländebesetzung engagieren konnte. Wenn einer genug Geld bekam und die Begabung hatte, war eine Geländebesetzung zu organisieren kein Problem! Wir aber denken, da war Geld aus Arabien im Spiel!!!

Medienhetze, Demonstrationen, Geländebesetzungen waren die Vehikel, mit denen der Anti-Atom-Reflex in Europa aufgebaut wurde, dank Medien, die ihre Berufung verleugneten, desinformierten, statt zu informieren!!!

Aber diese Grünen leben ja
selber nicht gemäss ihrer Ideologie:

Sie stören sich an den 5-10 Rem mehr,
am Zaum eines AKWs! Warum stören sie sich nicht
an den 200 – 800 Rem Strahlung,
je nach Gegend, überall in der Schweiz???

Sie müssten sonst umziehen, aus Gegenden
mit hoher natürlicher Strahlung,
zu Gegenden mit niedriger natürlicher Strahlung?

Aber davon hat man noch nie etwas gehört
und ist noch nie auf deren Agenda gewesen!!!
Die **Völkerwanderung der Grünen**
hat nicht stattgefunden!

Die Entsorgung der radioaktiven Abfälle
bereitet ihnen so grosse Sorge,
aber, dass die ganze Erdkruste strahlt,
ungefähr 1000 bis 1 Mio. *) mal stärker als
alle AKWs der Welt und ihre Abfälle
zusammen dies tun,
gibt Grün/Rot scheinbar nicht zu denken!!!

*) Experten könnten dieses Verhältnis noch genauer berechnen!

Die Immobilienpreise müssten

Doch diese Strahlung von Erde und Weltraum
reflektieren, wenn sie tatsächlich als Gefahr für
die Menschen eingeschätzt würde!!!

Aber davon hat man noch nie etwas gehört,
und ist noch nie ein Thema gewesen!
Sondern die Immobilienpreise reflektieren
die **Wirtschafts**dichte einer Gegend
und keinesfalls deren Strahlungsdichte!!!

Die Desinformations- und Anti-Atom-Kampagne
der Medien, der Grünen & von SP,
über Jahrzehnte hinweg, gegen grüne Atomenergie,
hat leider ihre Wirkung nicht verfehlt.

Und niemand war da, der die AKWs publikumswirksam
in Schutz genommen hätte!!!

Dieser **Volksverdummung** sind wir hier
entgegen getreten und wir würden es wiederum tun,
durch Aufklärung, und schonungslose
Präsentierung der Fakten!!!

Was ist grüne Energiewende?

Der hohe Frankenkurs
und doppelte Energiepreise,
wie verkraftet das unsere Wirtschaft???

Anstatt zusätzlich nötige Gaskraftwerke,
mit klimaschädigenden CO2-Ausstoss
(gegen die drohende Energielücke!)
und bodenloses Energiesparen,
befolgen Sie unseren guten Rat:

1. Abwahl der irrationalen Fantasie- und Lügen-Politiker und Ersatz durch Real-Politiker.
2. Rehabilitierung der ja „grasgrünen" AKWs und
3. Bau neuer, wie seit jeher, ja grüner AKWs!

Minimierung der Erdölimporte durch
bevorzugten Gebrauch und Förderung von
Elektroheizungen und Elektrofahrzeugen!

Eine Rechnung die keine Probleme macht,
und darum gerade das Gegenteil von dem ist,
was uns mit dem Atomausstieg erwartet
und zudem wirklich 100% grün ist!!!

Was haben wir heute???

Das Gleiche wie bei Kaiseraugst, aber jetzt geht es um
die AKW-Abfallentsorgung, die man verhindern will,
und die Medien helfen wacker mit, aufzuhetzen,
anstatt aufzuklären, wie ihre Rolle sollte sein!!!

Wir haben in der Schweiz Volksaufstände
gegen die Entsorgungs-Projekte, am Wellenberg,
im Zürcher Weinland und am Bözberg,
und die Rädelsführer, vermutlich fürstlich bezahlt aus
Arabien, werden gefeiert als Kämpfer für das Volkswohl,
mit Medien-Hurra, als die Helden unserer Zeit!

Tun und taten sie das aus Unwissenheit,
aus lauter Dummheit,
oder haben sie kassiert???

Das sind die Fragen!
Da müssen Staatsanwaltschaft und Geheimdienst
von Amtes wegen sich einschalten.

Eine fremde Macht soll bei uns
das Sagen haben und wir dulden das,
aus Unwissenheit???

Rundschau SRF vom 4.2.15

(Sandro Brotz mit Thomas Ernst, Nagra)

Zum Interviewbeginn fragte Sandro Brotz:
„Gesetzt der Fall, Sie wären Bauer Rasi
und die Nagra käme zu Ihnen nach Benken:
„Ein Tiefenlager unter Ihrem Boden!"
Würden Sie sagen: „Ja, kommen Sie nur!"
Bauer Rasi, ein ehrlicher und kein dummer Mann,
ist auch zu Wort gekommen, im Video-Clip
hat er sich sehr herzbewegend geäussert,
publikumswirksam, muss man sagen!

Er kannte die wahren Fakten doch nicht,
man hatte ihm Flöhe ins Ohr gesetzt,
dass man der Nagra nicht trauen könne!
Darum hat er so geantwortet, er glaubt,
das Leben auf seinem Hof wäre in Gefahr!

Ein solches Tiefenlager kommt ja viele
Hundert Meter tief in den Erdboden,
bis 1000 Meter tief wurde da gebohrt!
Käme aber, entgegen allen Erwartungen,
etwas Radioaktivität ins Tiefenwasser, so würde
es sicher nicht bei Bauer Rasi austreten,

sondern vermutlich viele Km weit weg,
und vielleicht 1-10 Rem betragen,
aber selbst wenn es 100 Rem wären,
so wäre noch niemand gefährdet,
denken wir doch an die 200-800 Rem
natürliche Strahlung überall in der Schweiz!

Sandro Brotz fragte weiter:
„Herr Ernst, sind Sie ein Falschspieler?"
Was konnte Herr Ernst dagegen sagen, ausser,
„Er verwahre sich gegen solche Anwürfe".
Aber Misstrauen, diese böse Saat, war gesät
und das war ja die Absicht!!!

Ein weiteres Mal sagt er zu ihm:
„Sie argumentieren streng wissenschaftlich,
aber man glaubt Ihnen nicht so recht!"
Ein weiteres Saatkorn der Verunsicherung!!!

So wird das immer gemacht, **fein und subtil,**
aber <u>**hochwirksam,**</u> auf ein Volk,
das über Jahrzehnte desinformiert, angelogen und
verunsichert worden ist, nur verdrehte Wahrheit gehört, und darum ganz falsche Vorstellungen hat!

Anti-Atom-„Zunft"-Denken

Es scheint da eine Medien-Berufsethik und eine Partei-
ethik „Anti-Atom, Anti-AKW" entstanden zu sein,
eine Art „Zunft"-Mentalität: „Wir sind gegen Atom"
der Medien und von Rot/Grün!

Da braucht es kein Geld mehr aus Arabien,
die Anti-Atom-Kampagne läuft von selber weiter,
dank Zunft-„Ethik" Anti-Atom!

Umweltschutz ist sicher kein Argument,
da müsste man an anderen Orten zupacken,
z.B. bei Windrädern, oder Sonnenkollektoren,
aufgestellt, überall wo's geht!

Diese Atom- Voreingenommenheit und Gegnerschaft
der Medien samt Rot/Grün, seit Kaiseraugst,
deren Ursprung ist doch nicht sachbedingt!!!
Woher kommt sie also denn???

Um Aufwiegler zu haben, am Wellenberg, in Benken und
Bözberg und dass junge Medienleute nicht zu „Pro-AKW"
wechseln, glauben wir, dass noch heute,
Geld aus Arabien fliesst, denn mit Geld aus Arabien,
wurden ja sogar US-Präsidenten
und US-Politiker gekauft!

An die CEOs der AKWs!

Warum haben Sie, sehr verehrte Herren CEOs,
2011 die Atomenergie nicht besser verteidigt???
Wie Löwen hätten Sie sie verteidigen müssen!!!

Schon lange vor Fukushima und auch 2011
beim Atomausstieg nochmals,
angesichts der schnöden Medienhetze!
Wozu ist denn das Papier erfunden worden???

Das ist unsere Meinung
und mehr wollen wir dazu nicht sagen!

Mühleberg muss abschalten

Der Grund: Das Ensi hatte bemängelt,
dass keine Alternative zur Kühlwasserentnahme
aus der Aare bestehe.

Was für eine Schraube ist da wieder locker???
Haben auch die Ensi-Leute
nicht mehr alle Tassen im Schrank???
Denken diese Leute, die Aare könnte
in den nächsten 20 bis 30 Jahren austrocknen???
Denn rund so lange beträgt die noch
verbleibende natürliche Lebenszeit dieses AKWs!

Das sind doch ganz unsinnige Vorschriften!!!

So nebenbei: Wird bei Ensi oft absichtlich übertrieben,
um Atomenergie unnötig zu verteuern,
oder bei Mühleberg, die Abschaltung zu erzwingen?

Weich geworden unter politischem Druck???
Und kein Aufschrei in der politischen Landschaft;
die Pro-AKW-Leute tun ihr Möglichstes,
aber irrationale Fantasiepolitiker in der Überzahl:
Der „Prügelknabe" AKW, steht wiederum,
mit abgesägten Hosen und alleine da!!!

Über Weiteres schweigt des Sängers Höflichkeit!!!

Zu den Stilllegungs-Milliarden!

„Hütet euch am Morgarten!",
verriet ein Zettelchen an einem Pfeil,
den besorgten Eidgenossen von damals!

„Hüten wir uns bei jeder Entsorgung eines AKWs
und lasst uns diesen Leuten auf die Finger schauen!"

In Deutschland wird gerade jetzt das AKW Greifen-
wald entsorgt, -- mit deutscher Gründlichkeit!!!

Und da doch die Grünen dabei sind,
verwundert es ja nicht, wenn diese **Gründlichkeit
wohl weit über das Ziel hinausschiesst!
Lasst uns also gut aufpassen
bei jeder AKW-Stilllegung!!!**

Vorbild bei der Entsorgung sei die Natur:

Die ganze Erde, ein sanfter Atomreaktor, 200 bis 800
in der Schweiz, Gegenden in Afrika mit 3000 Rem!

Das sei das Mass und die Norm,
wie weit **„geputzt und entsorgt"** werden soll,
alles was darüber hinausgeht, ist verlochtes Geld!!!

AKWs sollen laufen,
solange sie sicher sind!!!

Bravo, sehr verehrte Herren, die Sie sich im Ständerat so vehement für eine vernünftige Laufdauer der AKWs eingesetzt hatten!!!

Die AKW-Gegner, diese Ideologen ohne Verstand, die so tun, als wäre Anti-Atom eine Religion!!! Sie bekämpfen die Atomenergie, auf allen Fronten und mit allen Mitteln:

Sie sind gegen neue AKWs,

Wollen die bestehenden morgen schon abschalten,

Verhindern die Entsorgung der radioaktiven Abfälle,

Wollen überdimensionierte Sicherheitsvorschriften (um die Atomenergie unnötig zu verteuern!),

Wollen den Preis für die Stilllegung der AKW mit allen raffinierten Spitzfindigkeiten in astronomische Höhen treiben, um die Atomenergie schliesslich unbezahlbar zu machen!

Das ist die Strategie der Gegner, aus Zwängerei und motiviert als wäre ihre Ideologie eine Religion!!!

Schreib- und Redefreiheit

Im Namen dieser Freiheiten,
die wir bei uns haben dürfen,
konnten Presse, Medien und Politiker,
ungestraft,
Jahrzehnte lang Lügen verbreiten
und AKWs und Atomenergie
verunglimpfen, verteufeln und schlecht reden,
aus Dummheit, Unwissenheit oder bezahlt!

Also muss es auch legitim
und erlaubt sein,
im Namen dieser selben Freiheit
die Wahrheit zu sagen
und Dinge beim Namen zu nennen,
Lügen und Verdrehungen zu korrigieren,
auch einen gut belegten Verdacht,
zuhanden der Bundesanwaltschaft,
<u>laut</u> auszusprechen!!!

Das soll in unseren westlichen Ländern
nicht abhandenkommen,
auch jetzt nicht und für alle Zukunft nicht!!!

Kleintext

Die Saudis und die AKWs

Inhaltsübersicht

Die Saudis und die AKWs", ein begründeter Verdacht!

Was haben die Saudis mit den AKWs zu tun? -- Vordergründig sicher nichts, aber wenn man genauer hinschaut, schon!

Teilweise bekannt ist vermutlich (wir haben bereits darüber gesprochen), dass, allen voran, Saudi Arabien, alljährlich riesige Summen ausgibt, um einerseits den internationalen Terror zu finanzieren und andererseits islamistische Hassprediger auszubilden und diese nachher überall hin in alle Welt zu senden, wo, mit der Finanzhilfe der Saudis, überall Moscheen gebaut werden. Das Hauptziel sind die USA, die Weltmacht, aber auch Europa ist im Visier! Sie können in den USA in irgendeine Moschee gehen und finden dort auch die von den Saudis mitgelieferte Hass- und Dschihad-Literatur! Das Endziel davon ist der weltweite Dschihad (Jihad), ob man es nun glauben will oder nicht!

SCHWEIGEGELDER

Aber warum wird dies von der US-Regierung geduldet und mit Freundschaft und Stillschweigen zugedeckt? -- Diesbezüglich sind in den USA zwei Publikationen erschienen:

1.) *Robert Baer: "Sleeping With the Devil: How Washington Sold Our Soul for Saudi Crude"*, Crown Publishing Group, 2003, ISBN 1-400-05021-9.Übersetzt:"Schlafen mit dem Teufel: Wie Washington unsere Seelen für saudisches Erdöl verkaufte" kann bei www.amazon.de bestellt werden.
2.) Gerald Posner: „Secrets of the Kingdom, the Inside Story of the Saudi-US-Connection", (übersetzt: "Geheimnisse des Königreichs, die Saudi-US-Verbindung von innen gesehen"), kann bei www.amazon.de bestellt werden.

DER KOMMENTAR DAZU auf www.amazon.de (herauskopiert):

„Robert Baer beschreibt die fatale Schicksalsgemeinschaft der USA mit Saudi-Arabien. Gerald Posner: „Die Saudi- Connection" ist die schonungslose Abrechnung eines Insiders mit den Herrschenden in Washington und zugleich eine eindringliche, höchst beunruhigende Dokumentation über ein Land, das schon morgen zu einem der größten Krisenherde der Welt werden könnte."

„Robert Baer war CIA-Agent im nahen Osten und spricht fliessend Arabisch, Persisch, Französisch und Deutsch."

Gemäss diesen zwei Publikationen, haben alle amerikanischen Präsidenten, beginnend bei Jimmy Carter bis hin zu Bush Sohn, von den Saudis und anderen arabischen Scheichs „zig" Millionen an Geldspenden entgegen genommen. Auch von Präsident Barak Obama weiss man, dass sein Studium von arabischen Scheichs oder den Saudis finanziert worden ist.

Jimmy Carter habe diese Geldspenden nie offen gelegt, aber es wird geschätzt, dass er gegen $30 Mio. von den Saudis und von arabischen Scheichs entgegengenommen hat, Bush Vater gegen $20 Mio. und Bush Sohn allein im Jahr 2005 über $5 Mio. und die Clintons zwischen $20 – 32 Mio. Dazu erhalten einflussreiche Senatoren und Congressmen der USA ihren jährlichen Geldsegen von der arabischen Halbinsel. Auch Condoleezza Rice und Colin Powell haben Spenden empfangen. -- Erkauftes öffentliches Stillschweigen??? -- Die das Sagen haben, nehmen Geld entgegen und ihre Jungs, die US-amerikanischen Jungs, müssen in den Krieg ziehen und dies ausbaden!

Auch die Intifada gegen Israel, soll mit mehr als $4 Mia. (Mia. nicht Mio.!) von den Saudis finanziert worden sein! Und die Saudis selbst leben, gut getarnt, in einem unerhörten Luxus!

Klar ist, dass die beiden Autoren in Washington inzwischen als Unpersonen gelten.

Auch an amerikanische Universitäten

wurden von den Saudis und den Ölscheichs Gelder bezahlt, um islamische Lehrstühle einzurichten. So hat z.B. die Harvard Universität 20 Mio. von den Ölstaaten entgegengenommen und daraus ist eher ein islamischer Propaganda-Apparat als ein echter Lehrstuhl entstanden. Auch an der Uni Bern gibt es einen Lehrstuhl für Islamwissenschaften und es würde uns Wunder nehmen, woher diese Gelder kommen.

Prämien für antiisraelische Zeitungszeilen

Schon vor rund 40 Jahren hatten wir davon gehört, dass Zeitungsredaktoren und Journalisten von den Arabern für jede antiisraelische Zeitungszeile sFr. 100.- als Prämie erhalten würden. Das Resultat davon können wir heute weltweit sehen, in den antiisraelischen und antisemitischen Grundstimmungen überall in der Welt. Bis heute ist die Medienberichterstattung proarabisch und antiisraelisch, obwohl Israel unsere westliche Kultur und unsere westlichen Werte teilt, die umgebenden arabischen Nationen dagegen nicht!
  -- Das muss doch einen Grund haben!
  -- Geld scheint der gute Grund zu sein!
Die Geldspenden an USA-Politiker, von denen wir oben geredet hatten, sind belegt!

Was bedeutet das für uns?

Nachdem man von solchen Enthüllungen aus den USA gehört hat, ist es sicher legitim und berechtigt, auch hierzulande einmal darüber nachzudenken, warum wohl die Grünen und die SP, und praktisch die ganze Presse, unisono und schon seit mehr als vier Jahrzehnten, <u>ohne rationalen Grund notabene</u>, die Atomenergie verteufelt und schlecht geredet haben!

ATOM-, WASSER-UND WINDENERGIE SIND DIE ECHT GRÜNEN ENERGIEN,

ohne CO_2-Ausstoss und ohne CO_2-Klimaeffekt! Bei der Solarenergie muss bei der Herstellung viel Energie hineingesteckt werden, sodass sie eher graugrün als grün ist und sie ist zudem nur da, wenn die Sonne scheint! Auch Windkraft ist nur da, wenn der Wind bläst. Bei der Bioenergie machen wir ein Fragezeichen, daraus Kompost oder Energie zu machen, ist vermutlich eine Rentabilitätsfrage! -- Also bleiben nur Wasser- und Atomkraft als bezahlbare und zugleich zuverlässige, **jederzeit verfügbare** und in Genüge vorhandene **grüne Energien!** -- Eine so einfache und klare Rechnung und doch, viele Politiker scheinen das nicht zu wissen und nicht zu verstehen!!!

SO WIE FLUGZEUGE NACH HÖCHSTEN SICHERHEITSSTANDARDS

gebaut werden, so müssen das auch AKWs sein! Unsere AKWs sind das, die Schweizer AKWs sind sogar die sichersten von ganz Europa und der ganzen Welt!!! Sie ständig mit Tschernobyl und Fukushima zu vergleichen ist ein Affront für jeden ehrlich und **anständig denkenden** Menschen!
-- Aber warum geschieht solches alles???

SAUDI-ARABIEN EXPORTIERT ZWEI DINGE: ISLAM UND ERDÖL!

Islam zuerst und dann Erdöl, um das zu bezahlen!

Da ist es klar, wenn die Saudis und die Ölscheichs ihre getarnte weltweite Pro-Islam- und Pro-Dschihad-Propaganda, ihre Unterstützung des internationalen Terrorismus und auch ihre antiisraelische Agitation aufrecht erhalten wollen, so brauchen sie Geld, viel Geld und dazu müssen sie Öl, viel Öl, verkaufen!

Und das auch in alle Zukunft!!!

Um dies tun zu können, da scheint es klar zu sein, dass dazu die AKW-Konkurrenz ausgeschaltet werden muss!!!

Noch einmal: Die Zahlungen an amerikanische Präsidenten und Politiker sind belegt, also ist man wohl nicht daneben, wenn man glaubt, dass ähnlich grosse Zahlungen auch nach Europa geflossen und in Hosentaschen von Politikern und Medienbossen verschwunden sind!!! -- Wenn einflussreiche amerikanische Senatoren und Kongressabgeordnete ihren jährlichen Geldsegen von den Saudis erhalten haben, so muss man annehmen, dass in Europa Ähnliches geschieht und geschehen ist. Es gibt keinen einzigen Grund dafür, zu glauben, dass es nicht so ist, wenn man an die endlose Anti-AKW-Hetze denkt. -- Das muss doch einen Grund haben!

Geld scheint der gute Grund zu sein!

DIE SAUDIS, EINE HERRSCHERFAMILIE, DIE ÜBERLEGT

und langfristig plant! -- Ihr langfristiges Ziel ist, ihre vermeintliche „Gottesherrschaft", durch den Islam, in der ganzen Welt aufzurichten und das wird „Dschihad"(Jihad) genannt, die Ausbreitung des Islam mit dem „Schwert", mit kriegerischen und terroristischen Methoden, und gemäss dem Koran, auch mit Brutalität, auch mit List, mit Lüge und Verdrehung der Wahrheit. So hatte es seinerzeit auch Mohamed gemacht und hat auf diese Art die Herrschaft des Islam im ganzen nahen und mittleren Osten, und unter seinen Nachfolgern, über ganz Nordafrika und sogar bis Fernost aufgerichtet. Sie sind dabei bis vor Wien und vor die Tore Frankreichs gekommen (Spanien war ja Jahrhunderte lang unter maurischer, d.h. islamischer Herrschaft)!

Wir glauben nicht, dass der Koran von Gott kommt! Allahs Charakter, wie er aus dem Koran hervorgeht, stellt aus unserer Sicht eher den Charakter Satans dar, als den des wahren Gottes, man denke nur an die Brutalität des IS in Syrien und Irak oder von Boko Haram in Nordafrika.

Sie sind es doch, die den Koran wortgetreu auslegen und auch ausleben!!!

Die Konsequenzen sind u.a.:

- Vermummung der Frauen und Haltung der Frauen wie Sklavinnen. Der Islam sagt, „die Ehe ist das Diensthaus der Frau!"
- Die Scharia als Gesetzesform, wo dir z.B. bei einem Diebstahl die Hand abgehackt wird, oder bei Ehebruch die Frau gesteinigt wird, aber auf keinen Fall der Mann.
- Ade Demokratie und ade freie Meinungsäußerung.

Wenn wir daran denken, dass die Saudis intelligent und auch gebildet sind, langfristig planen und auch daran denken, dass die elektrische Energie in Zukunft einmal als Energieform dominieren könnte, so liegt es auf der Hand, dass es ihr Ziel sein muss, die Konkurrenz der AKWs möglichst weltweit auszuschalten, um die Welt in dauernder Öl-Abhängigkeit von sich halten zu können!!! -- So kommt dann auch das Geld von selbst herein und mit Geld kann man bekanntlich alles kaufen, sogar die mächtigsten Staatsmänner der Welt und auch öffentliches Darüber-Hinwegsehen und Stillschweigen!!! -- Klar, aus Sicht der Saudis, musste für ein solches Ziel die Atomenergie ausgeschaltet werden!

WIR WIEDERHOLEN UM ZU PRÄZISIEREN:

Weil die AKWs das Erdöl konkurrenzieren, **glauben wir**, dass auch nach Europa solche verborgenen Gelder geflossen und in Hosentaschen von Politikern und Medienbossen verschwunden sind, vielleicht sogar in Hosentaschen von Verantwortlichen der AKW-Betreiber selber,

verschwunden in den Hosentaschen der Politiker, die die „Grünen Parteien", eigentlich als „Anti-AKW-Parteien", gegründet und dafür **Grün als Tarnfarbe** gewählt und ihnen einen **sozialen Anstrich** verpasst hatten, um Wähler zu haben. „Anti-AKW-Politik" ist ja von Anfang an, in ganz Europa, im Programm der Grünen gewesen. Die vermutete Absicht hinter den Grünen Parteigründungen ist, wie man sieht , der Öffentlichkeit bis heute verborgen geblieben, und wir denken, den Grünen Kaderleuten ebenfalls! Das Grüne Fussvolk hat das sowieso nie gewusst! Sicher gewusst hatten das wohl nur die Grünen Partei-Gründer selber, als die vermuteten Empfänger der vermuteten verborgenen Geldspenden!

Aber die Anti-AKW-Mentalität ist bei den Grünen auf diese Art geboren worden und bis heute erhalten geblieben!

Vermutetes Arabisches Geld, vermutlich verschwunden auch in Hosentaschen der SP-Politikern, die damals ihre Parteien auf Anti-AKW-Kurs getrimmt hatten???

Wie sonst konnten SP-Politiker sich gegen die preisgünstige Atomenergie stellen, damals, als diese Energie noch sehr billig war??? Aber auch hier scheint die Anti-AKW-Mentalität auf die gleiche Weise geboren und bis heute erhalten geblieben zu sein, wie bei Grün.

Arabisches Geld aber vermutlich ganz speziell gelandet in Hosentaschen von Medienbossen für die andauernde Hetze und Verunglimpfung der AKWs und der Atomenergie, über Jahrzehnte hinweg, bis zum heutigen Tag,

vermutlich besonders aber auch in Hosentaschen von Rädelsführern, Aufwieglern und Organisatoren von Demos und Geländebesetzungen! - - 1970 in Kaiseraugst, jetzt in Benken und Bözberg und zuvor am Wellenberg!!!

Die Anti-AKW-Hysterie in Europa ist herbei geredet, herbei geschrieben und herbei demonstriert. -- Die Katastrophen von Tschernobyl und Fukushima waren damals ja noch nicht geschehen!!! -- Woher kommt denn solcher Anti-AKW-Reflex???

Da muss doch Geld im Spiele sein, anders lässt sich dieses Phänomen kaum erklären! -- Ausser, man glaubt noch an den Storch!!!"

Da müssen die Staatsanwaltschaften und Geheimdienste sich einschalten und diese Sachverhalte aufklären! Wir hatten 2011, also vor rund vier Jahren, deswegen an unsere schweizerische Bundesanwaltschaft geschrieben, aber unser Anliegen wurde ohne echte Begründung abgelehnt! -- Klar, wir sind ja bloss ganz gewöhnliche kleine Leute!!! -- Ein solcher Sachverhalt muss aber aufgeklärt werden, es darf doch nicht sein, dass unsere interne Politik, wie vermutet, von einer ausländischen Macht dominiert wird!!!

Demos und Geländebesetzungen

sind die allermiefste Form von Anti-AKW-Kampf, man braucht dazu nicht einmal Argumente, oder auch, man kettet sich z.B. an Bahnschienen (wie in Deutschland geschehen), wenn irgendwo ein Transport mit Atommüll durchkommen soll. Das alles suggeriert der Bevölkerung, dass Atomenergie etwas <u>ungemein und ausserordentlich Gefährliches</u> sein müsse und das taten sie mit ganz offensichtlichem Erfolg!

Warum?

Doch nur, weil die Medien, anstatt aufzuklären, wie das ihre Bestimmung wäre, stattdessen in das gleiche Horn stiessen und dem Ganzen noch das Sahnehäubchen aufsetzten!!! -- So etwas ohne verborgene Bezahlung zu tun, ist für uns schlichtweg undenkbar, wenn man einmal von den Menschen absieht, die aus ideologischen Gründen gegen die Atomenergie sind. Gegen Ideologie ist bekanntlich kein Kraut gewachsen!

Der Druck der Hetze gegen die AKWs

hat dazu geführt, dass die Sicherheitsvorschriften für die AKWs in der Schweiz eher überborden, denken wir doch nur an das AKW Mühleberg, das wegen einer unsinnigen Vorschrift abgeschaltet werden muss.

Wenn man sich verrannt hat,

so ist es doch das Einfachste, man kehrt um!!!

Es steht Parlament und Bundesrat nichts im Wege, den Atomausstieg rückgängig zu machen, es wäre der sichere Weg in eine reale Zukunft und wir denken, es wäre jetzt der Zeitpunkt dazu da! Es steht nirgends geschrieben, dass wir den Deutschen alles nachmachen müssen. So viele Deutsche gibt es ja, die unser Land kennen und lieben -- und auch beneiden!

NIEMAND WOLLE JA DEN RADIOAKTIVEN ABFALL, WIRD DA GESAGT?

Wenn Leute zu mir sagen, dass man ja den radioaktiven Abfall von den AKWs kaum entsorgen könne, weil niemand ihn wolle, so antworte ich jeweils, dass dazu bloss der Wille fehle, aber wenn man zuerst den herbei geredeten, herbei geschriebenen und herbei demonstrierten „pseudogrünen" Unrat aus den Köpfen der Leute heraus fegen könnte, dann wäre dieser Abfall schnell entsorgt.

ZUM SCHLUSS:

Jeder zweite Schweizerfranken wird im Export verdient. Die Schweizer Exportindustrie hat ja jetzt schon Konkurrenzprobleme wegen dem starken Schweizer Franken. Wie wird das herauskommen, wenn auch noch die Energie teurer, d.h. doppelt so teuer wird??? Darum sollte man bezüglich der Atomenergie gründlich über die Bücher gehen! Aber damit das geschehen kann, müssen zuvor die irrationalen Fantasie-Politiker abgewählt und durch Real-Politiker mit gesundem Menschen-verstand ersetzt werden.

DIE US-CONNECTION UND DER SAGENHAFTE LUXUS DER SAUDIS

sind am Schluss mit ein paar aussagekräftigen Bildern dokumentiert: Die Bilder 6 und 7 am Schluss geben je einen Textabschnitt wieder, aus der von den Saudis weltweit verteilten Jihad-Hass-Literatur. Die Bilder sind Schnappschüsse aus einer DVD-Publikation (DVD 2, Session 4), „Understanding the Times" von Joel Richardson, erhältlich auf www.sidroth.org. Wenn man auf dieser Plattform im „Archive of Past Shows" nachsucht, findet man diverse Interviews von Sid Roth mit Joel Richardson und auch ein Interview mit Walid Shoebat, einem Ex-Terroristen, die alle sehr informativ sind und Einblicke in die Mentalität des Nahen Ostens vermitteln.

Das drittletzte Bild zeigt an einem Beispiel den märchenhaften Luxus, in dem die Saudis leben: die mit grossen Diamanten übersäte und be-stückte Karosserie des Mercedes eines saudischen Prinzen, Al-Walid Bin Talal. Die Saudis besitzen mehrere Duzende von Palästen, von denen einige in Europa (Spanien, Paris, London, Genf) stehen. Mehrere solcher Paläste, die in Saudi Arabien stehen, wurden in den 1980er Jahren je zu einem Wert von je rund 4 Mia. Dollar geschätzt. Bitte lesen Sie richtig: „Milliarden" nicht Millionen, beim damaligen noch hohen Wert des Dollars (rund 3-4 sfr pro 1$).

„AMERICANS AGAINST THE SAUDUCTION"

In den USA gibt es eine Vereinigung von Ehepaaren und Müttern, unter dem Namen „Americans against the Sauduction" (Saudi Seduction),", (auf Deutsch: „Amerikaner gegen die Saudi-Verführung), deren Kinder, besonders Töchter, gekidnappt und aus den USA nach Saudi Arabien geschmuggelt wurden, um dort als Sex-Sklaven gehalten zu werden und die US-Regierung ignoriert das und tut nichts dagegen. Eine solche oder ein solcher kommt nie mehr aus Saudi-Arabien heraus!

Ein Saudisches Ehepaar, das in die USA gezogen war und ihre Sexsklavin dorthin mitgenommen hatte, wurde in den USA deswegen angeklagt, musste aber auf Intervention der Saudis freigelassen werden, mit der Begründung die Anklage verletze die islamisch-religiösen Grundrechte der Angeklagten.

Jimmy Carter

Chapter 1

Saudi and Gulf Arab Donations To Clintons: 20–32 Million Dollars

- Kingdom of Saudi Arabia
- Sheikh Mohammed H. Al-Amoudi
- Nasser Al-Rashid
- Dubai Foundation: Sheikh Mohammed bin Rashid Al Maktoum
- Friends of Saudi Arabia
- The Zayed Family
- State of Kuwait
- State of Qatar
- Walid Juffali
- Abbas Al-Yousef
- Islamic World Conference
- Hamza B. Al Kholi

47

Chapter 2

Ö

"I am against America until this life ends, until the Day of Judgment, I am against America.... She is the root of all evils and wickedness on Earth ... Muslim Brothers in Palestine, do not have any mercy, neither compassion on the Jews, their blood, their money, their flesh.

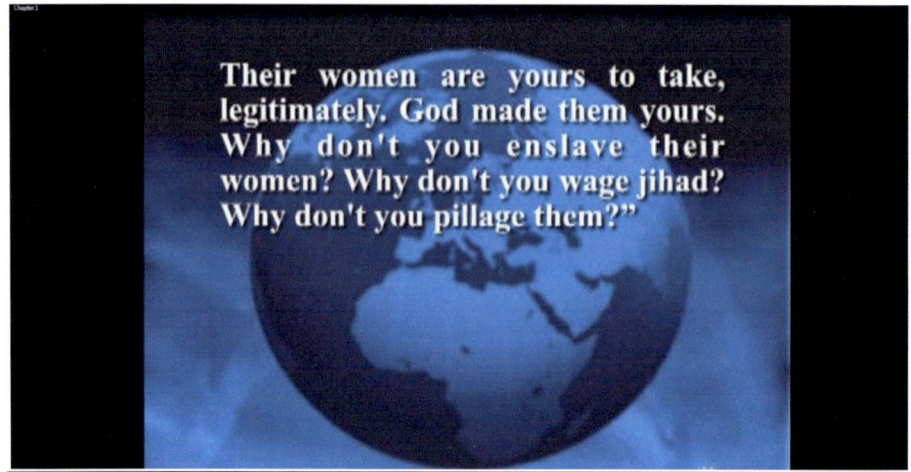

Übersetzung der Textabschnitte aus der Jihad-Literatur:

„Ich bin gegen Amerika bis an mein Lebensende, bis zum Tage des Weltgerichts, ich bin gegen Amerika ….. Amerika ist die Wurzel von allem Übel und aller Gottlosigkeit auf dieser Welt ….
Muslimbrüder in Palästina, habt keine Gnade noch Mitgefühl für die Juden, noch für deren Blut, noch deren Geld, noch deren Fleisch.

Ihre Frauen zu nehmen gehört legitim euch zu! Gott hat sie euch gege-ben!
Warum versklavt ihr nicht ihre Frauen? Warum engagiert ihr euch nicht in den Jihad?
Warum plündert ihr sie nicht?"

„ISLAM UND TERRORISMUS"

so heisst ein Buch von Mark A. Gabriel, Ph.D. (den ursprünglichen ägyptischen Namen hatte er aus zwei guten Gründen abgelegt).

Mark A. Gabriel war Professor für Islamische Geschichte an der Al-Azhar Universität in Kairo, der berühmtesten islamischen Universität überhaupt und zugleich war er auch Imam an der Moschee von Gizeh, wo sich die bekannten Pyramiden befinden.

Mark A. Gabriel hat in seiner Zeit als Professor an der Al-Azhar Universität, den Koran studiert, mit dem Ziel die Islamisten und Terroristen, aus eben diesem Koran, widerlegen zu können, musste sich aber eingestehen, dass die Islamisten und Terroristen diejenigen sind, die den Koran wortgemäss und sinngemäss auslegen und auch ausleben, dem Charakter Allahs gemäss, des vermeintlichen Gottes im Islam, dessen Charakter, wie er aus dem Koran hervorgeht, aus unserer Sicht, eher dem Charakter Satans entspricht, als dem Charakter des wahren Gottes! Von daher kommt wohl der Hass (auch ein Charakterzug Satans) auf die Bibel, die Juden und die Christen.

(Mohammed erzählt in seinen Schriften, dass der Koran ihm im Verlaufe von 22 Jahren vom Engel Gabriel diktiert worden sei, die Bibel sagt aber, dass sich Satan auch als Engel des Lichts verstellt).

Was Marc A. Gabriel über die Schriftsteller des Islamismus und des Dschihad (Jihad) und deren Schriften schreibt, hört sich an wie eine Voraussage des IS-Terrors, oder des Terrors von Boko Haram. Die Bücher dieser ganz besonderen Schriftsteller sind in den gemässigten Islamischen Staaten nur auf dem Schwarzmarkt erhältlich!

Der Islam ist eine Religion der Furcht und des Zwanges, auch des Hasses und des Schreckens. Der Koran sagt sogar, dass es Allah gelüste Menschen in die Hölle zu bringen. Es gibt da keine Spur von Liebe Gottes: Es ist eine Religion der Verdienste! Wie Allah beim Gericht entscheiden wird, hängt vom Verhältnis der guten zu den schlechten Werken ab und niemand weiss genau, wo die Grenze ist, um nicht in die Hölle zu kommen, wie Allah entscheiden wird. Die einzige 100%-ige Garantie, nicht in die Hölle zu gehen, ist in Ausübung des Dschihad umzukommen. Darum die vielen Selbstmordattentate!!!

Im Folgenden fügen wir noch hinzu:

Das alles erzeugt Furcht!!! -- „Islam" bedeutet „Unterwerfung" -- Fünfmal am Tag müssen die echten Muslime, gegen Mekka gewandt, sich zu Boden werfen und mit ihren Stirnen den Boden berühren und trotzdem können diese Moslime Gott nicht erleben, auch die Freude der Vergebung nicht erfahren oder in ihrem Glauben je echte Freude von Gott empfangen, sodass sie jubeln, jauchzen, hüpfen und tanzen könnten.

> {Die Bibel dagegen lehrt, dass Gott gnädig und barmherzig und voller Liebe und Güte ist, gegen die, die ihre Sünden bereuen, umkehren und Jesus Christus (Sohn Gottes, jetzt sitzend zur Rechten des Vaters) in ihr Herz einladen und seinen Kreuzestod als stellvertretende Strafe für ihre Sünden annehmen, -- und daraus resultierend -- die Freude der Vergebung und der Liebe Gottes dann auch im eigenen Herzen erleben dürfen, die Gott (anstatt einer Strafe) in ihre Herzen ausgiesst. Solches Erleben beweist dann aber auch, dass die Bibel tatsächlich Gottes Wort ist, denn sonst würde solches nicht geschehen!}

Tief verwurzelt im Islam ist beides, sowohl der Hass auf die Juden, als auch der Hass auf die Christen. In den palästinensischen Gebieten hat es überall Graffitis an den Wänden mit dem Wortlaut: „Zuerst gehen wir auf die Samstagsleute (Juden) los und nachher auf die Sonntagsleute (Christen)", auf Arabisch natürlich! Und in vielen islamischen Ländern werden Kirchen in die Luft gesprengt, Christen abgeschlachtet oder vertrieben und die Täter nicht verfolgt! -- Aber gleichzeitig nehmen sie die Hilfe aus dem Westen entgegen. -- Trotzdem, diese Leute können leider nichts dafür, dass sie im Islam geboren sind. -- Ihnen mit Hass zu begegnen wäre darum unfair! -- Aber wir sollen uns auch vor falsch verstandener Toleranz hüten! -- Eine Gratwanderung? -- Nicht, wenn die Liebe Gottes in unsere Herzen ausgegossen ist!

Das Buch von Marc A. Gabriel zu lesen ist ein Muss für einen jeden, der den Islam, die Mentalität und Realität im Nahen Osten, wirklich verstehen will. (2004 Verlag Dr. Ingo Resch, ISBN-13: 978-3-935197-39-7

Nachwort

Wir hatten diese Schrift geschrieben, um einen „Prügelknaben" in Schutz zu nehmen. Weil aber alles irgendwie zusammenhängt, mussten wir auch über den Islam sprechen und sind so schlussendlich bei einem ganz knapp gefassten Vergleich des Islam mit dem Christentum gelandet. Das ergibt eine ganzheitliche Sicht!

Andererseits wird es sicher nicht für alle Leute einfach sein, zu akzeptieren, was wir geschrieben haben. Bei vielen wird es ein geistiges Erdbeben auslösen. Aber das ist gut so, denn solche Erdbeben können unser Denken und unsere Vorstellungen verändern und uns geistig zu „neuen Ufern" führen!

Keine Muslimin und kein Muslim soll sich betroffen fühlen von dem was wir geschrieben haben! Wir können und wollen sie verstehen und wollen sie auch lieben!!!

Vergessen wir nicht, dass die Wahrheit die freundliche Schwester der Gerechtigkeit ist! Und dass die Wahrheit innerlich frei macht und die Horizonte richtig setzt!

Weitere Publikationen des Verfassers:

Moderne Forschung entlarvt offizielle Erdgeschichte und Evolution als Lug und Trug!

Mehr als 14 unwiderlegbare Beweise aus Hunderten von Forschungsberichten! Aber Medien & Öffentlichkeit bleiben hermetisch davon abgeschirmt!

Ist die Erde wirklich rund vier Milliarden Jahre alt, wie die etablierte historische Geologie uns glauben macht??? -- Es gibt über 70 Beweise und Hinweise (davon sechs unwiderlegbare Beweise) für eine junge Erde, mit einem Alter um die 10'000 Jahre herum! Das biblische Erdalter von rund 6000 Jahren könnte da nämlich genau stimmen!

Ist die Evolution (die allmähliche Entwicklung in Mio. von Jahren) der gesamten Tier- und Pflanzenwelt und die Abstammung des Menschen von Affenähnlichen wirklich Tatsache??? -- Es gibt **keinen einzigen echten Beweis** für dieses Produkt der Fantasie, aber viele Beweise dagegen, davon mindestens acht unwiderlegbare Beweise!!! Die Evolutionslehre beruht in erster Linie auf einer Ideologie, plus einer tendenziösen Interpretation der Fossilienfunde (die versteinerten Tierleichen in den Ablagerungsschichten). Die Ideologie, die dahinter steckt, macht diese Lehre so attraktiv! Darum hat sie sich um den ganzen Erdkreis herum ausgebreitet!

Aber, -- die Sedimentschichten (Ablagerungsschichten) dieser Erde sind schön und regelmässig abgelagerte Schichten, wie sie nur durch eine grosse Flut hingeworfen sein konnten. Aber nun kommen diese Evolutionisten und behaupten, weil ihre Theorie Jahrmillionen an Erdgeschichte voraussetzt, dass diese Schichten nicht in der kurzen Zeit einer Sintflut, sondern in Mio. von Jahren durch Flüsse abgelagert worden seien, wo doch Flüsse eher eine „grosse Sauerei" hinterlassen und keinesfalls so schöne und regelmässig abgelagerte Schichten. Aber die Evolutionisten brauchten eben diese Jahrmillionen, um ihre Theorie glaubhaft aufrichten zu können!!!

Nun gibt es Hunderte von modernsten Forschungsberichten, die alle die etablierte historische Geologie und die Evolutionslehre widerlegen. Aber die Öffentlichkeit weiss nichts davon, denn die Medien berichten nicht darüber, weil es sowohl ein wissenschaftliches Establishment gibt, das da abblockt, denn gut dotierte Gehälter wären überall in Gefahr, als auch ein ideologisches Establishment, das die Bibel leugnet und diese blocken ebenfalls überall ab. Die Tragik dieser Lehre ist, dass sie ihre Anhänger hauptsächlich unter den Akademikern und den Gebildeten hat! Auch uns ist es einst so gegangen!

Wir besprechen und kommentieren hier Literatur, die die Evolution und die Jahrmillionen der modernen Historischen Geologie abstreiten.

(ca. 100 Seiten)

In Vorbereitung zur Publikation:
Ein renoviertes internationales Wirtschaftssystem

Es gibt in der Wirtschaft eine grundlegende Beziehung, die an den Wirtschaftsfachschulen ganz offensichtlich übergangen wird und wir denken, dies geschieht darum, weil deren Ergebnisse der Finanzwelt nicht genehm sind.

Darum können die Wirtschaftsfachleute die Wirtschaftskrisen nicht wirklich richtig erklären und wissen auch nicht, wie sie nachhaltig zu beheben wären, weil ihnen das dazu nötige sehr einfache Basiswissen fehlt. In den vergangenen Finanzkrisen kam dies deutlich zum Ausdruck, in den widersprüchlichen und oft gegensätzlichen Empfehlungen, die diese Fachleute abgaben! – Die einzig richtige Empfehlung wurde von niemandem gegeben!

Hier ist eine neue, leicht verständliche Wirtschaftslehre! -- Leicht verständlich darum, weil sie stimmt! -- Eine Wirtschaftslehre, die sich von den hochgestochenen und schwer verständlichen heutigen Wirtschaftslehren wohltuend abhebt, sich abhebt von diesen Theorien um den Brei herum, die nur Teilresultate bringen!!!

Wenn wir unser kapitalistisches und freiheitliches internationales Wirtschaftssystem im Sinne unserer ebenfalls freiheitlichen, aber renovierten Wirtschaftslehre umgestalten könnten, würden Wirtschaftskrisen und auch die Armut überall in der Welt, allmählich verschwinden!

(ca. 100 Seiten)

Aus Glauben leben, wie kommen wir dahin???

Beide, sowohl biblischer Glaube wie auch Naturwissenschaft, werden auf die gleiche Art, nämlich experimentell, bewiesen!

Das möchten wir dem erstaunten Leser zurufen, es besteht da überhaupt kein Unterschied!!! -- Beim biblischen Glauben geht es um die geistige, die übernatürliche oder übersinnliche Welt, bei den Naturwissenschaften geht es um die natürliche Welt, die Natur.

In den Naturwissenschaften kann man kein einziges Naturgesetz allein durch Nachdenken finden, sondern es braucht dazu immer das Experiment, denn allein das Experiment beweist uns, ob unsere Gedanken bezüglich eines Naturgesetzes richtig oder falsch sind! Beim biblischen Glauben ist es nicht anders, sondern haargenau gleich!!!

In diesem fehlenden Wissen liegt wohl das grösste Manko unserer Zeit!

Die Bibel lehrt, dass Gott gnädig und barmherzig und voller Liebe und Güte ist, gegen die, die ihre Sünden bereuen, umkehren und Jesus Christus in ihr Herz einladen und aufnehmen und Seinen Kreuzestod als stellvertretende Strafe für ihre Sünden annehmen, -- und daraus resultierend -- die Freude der Vergebung und der Liebe Gottes dann auch im eigenen Herzen erfahren dürfen, die Gott (anstatt einer Strafe) in ihre Herzen ausgiesst. Solches Erleben beweist dann aber auch, dass die Bibel tatsächlich Gottes Wort ist, denn sonst würde solches nicht geschehen!